EUGÈNE ADENIS

L'HOMME
QUI NE PEUT PAS SIFFLER

CONTE EN VERS

DIT

Par **COQUELIN AINÉ**, de la Comédie-Française.

PRIX : UN FRANC

PARIS

PAUL OLLENDORFF, ÉDITEUR

28 *bis*, RUE DE RICHELIEU, 28 *bis*

1885
Tous droits réservés.

L'HOMME
QUI NE PEUT PAS SIFFLER

CONTE

IMPRIMERIE GÉNÉRALE DE CHATILLON-SUR-SEINE. — A. PICHAT.

L'HOMME
QUI NE PEUT PAS SIFFLER

CONTE EN VERS

PAR

EUGÈNE ADENIS

DIT

par **COQUELIN AÎNÉ**, sociétaire de la Comédie-Française

PARIS

PAUL OLLENDORFF, ÉDITEUR

28 *bis*, RUE DE RICHELIEU, 28 *bis*

—

1885

L'HOMME
QUI NE PEUT PAS SIFFLER

Bidaut sifflait. C'était un talent véritable,

Un merveilleux talent. Sans se faire prier,

Le jour, à l'atelier ou bien le soir, à table,

    (Car Bidaut était ouvrier)

Sur tous les modes, triste ou joyeux, grave ou tendre.

Au gré de son caprice ou de ses auditeurs,

Il sifflait tous les airs qu'on désirait entendre,

    Avec l'art des premiers chanteurs.

Tantôt, il imitait le doux son de la flûte,

    Tantôt, en trilles éclatants,

    Sa voix simulait une lutte

De moineaux saluant l'aurore dans les champs.

C'était d'abord, avec un sifflement qui tremble,

Un pierrot, deux pierrots, puis vingt, puis cent pierrots,

Piaillant, jasant, petits et gros,

Enfin, mille pierrots ensemble.

Tout autre que Bidaut certe! eût pu se gonfler

D'orgueil; il eût surtout tiré profit et gloire

D'un don si surprenant! De fait, on peut m'en croire,

Jamais siffleur sifflant ne sut si bien siffler.

Même on disait dans la bâtisse,

Que Bidaut était un *artisse*...

Et bon enfant!.. oui, mais il avait un défaut,

Bidaut.

Il buvait. — Il faut bien que la nature humaine,

Vase fragile, en vérité,

Éclate par quelque côté! —

Et, quand il avait bu, désastreux phénomène,

Il ne pouvait plus siffler.

La joue avait beau s'enfler,

Les deux lèvres s'avancer,

Comme quand on fait la moue,

La langue était sans ressort,

Le sifflet nul, le son mort,

En dépit de tout effort

Des lèvres et de la joue.

Ses amis le savaient.... Hélas! sa femme aussi;

    Car, Bidaut avait une femme :

Adèle Vachelard, fille d'Auguste-Henri,

Jacques-François-Thomas Vachelard et de dame

Rose et femme Bidaut, femme de son mari,

Femme très légitime, autrement, sur mon âme,

Elle n'eût point pris place en cette histoire-ci.

Or, Adèle lui dit un soir : « Écoute, Antoine,

Voilà plusieurs lundis déjà que ça va mal,

Tu bois comme un troupier, comme un turc, comme un moine

Et tu rentres chez nous, gris comme un animal;

Ça me fâche. Avant-hier encor, tu m'as battue... »

— « Battue?.. Oh! c'est-y vrai?.. » — « Tiens donc, j'ai bien senti

Les coups! on bat sa femme, on l'assomme, on la tue,

Et puis, il est trop tard lorsqu'on s'est repenti!

Aussi, pour éviter une pareille histoire,

Quand tu voudras rentrer, tu siffleras un air.

Oh! je n'exige pas, bien sûr, ton répertoire,

Moins qu'un air : un seul coup de sifflet net et clair,

Et je te jetterai cette clef que je garde...

(Adèle lui montrait, avec un geste altier,

    La clef de la porte bâtarde,

Qui fermait la maison veuve de tout portier.)
J'ouvrirai la fenêtre où chaque soir je veille.
Le signal pour la clef : retiens ça quand tu sors,
Et puisque ton sifflet reste dans la bouteille,
Quand tu seras pochard, tu coucheras dehors. »
Bidaut promit de ne jamais plus boire ;
Il en fit trois fois le serment
Et tint parole exactement
Pendant huit jours, si j'ai bonne mémoire.
Mais le lundi suivant.... que faire le lundi ?...
On s'ennuie, on chôme, on est libre
Les autres jours, on travaille ! pardi,
C'est ce qui détruit l'équilibre !
La femme.... en admettant qu'elle retint vos pas,
Ce jour-là comme un autre, elle gagne sa vie :
On ne peut donc lui tenir compagnie...
D'ailleurs, ça n'amuserait pas !
Que faire ?... on sort un peu pour voir, pour se distraire,
Histoire de tuer le temps.
Oh ! l'on ne songe pas à mal, bien au contraire !
On est un homme à quarante ans !...
Tiens ! c'est le cabaret !... sage, rangé, paisible !...
Il doit y faire bon.... Sobre !... crédié ! quel vent !

On a promis d'abord, et puis, on est sensible

Aux menaces : coucher dehors !... oui, plus souvent...

Un coup de vin pourtant, ça réchauffe le ventre !

      Ça n'est pas dangereux, l'hiver !

Et puis, quoi ! qui vous force à tant boire ?.....et l'on entre

      Histoire de tuer le ver !

Les compagnons ont eu la même idée :

« Tiens ! c'est Bidaut !... ohé ! Bidaut !... » Une bordée

      D'éclats de rire et de longs cris joyeux

Accueille son entrée... « Ohé ! Viens là, mon vieux,

      Nous allons rire un peu, j'espère !...

Siffle-nous ta chanson ?... siffle d'abord ce verre !... »

Et Bidaut, au milieu d'un déluge de mots,

      De hurrahs, de cris d'animaux,

      Qu'on imite en lui faisant fête,

      Près des vieux amis de vingt ans,

      Sent déjà dérailler sa tête

      Au choc des verres éclatants !

. . . .

Il est bientôt minuit... il fait un froid du diable.

Un homme, le front bas et se parlant tout haut,

Marche en zig-zags avec une peine incroyable

Dans une rue étroite et sombre : c'est Bidaut.

Il pleure, accuse Dieu, maudit le ciel, lui montre
Le poing d'une façon vraiment piteuse à voir.
Il s'arrête, il a vu le ruisseau qu'il rencontre
Et qui fait son murmure au-dessous du trottoir.
Il ouvre de grands yeux, il le prend pour la Seine!
Son cœur semble combattre un fatal mouvement.
Avec émotion, comme un acteur en scène,
Il avance soudain le pied, tragiquement!
Il trébuche et s'en va donner contre une porte...
Est-ce la sienne?... Ah! oui, car un faible rayon
Éclaire la fenêtre ou le diable m'emporte :
Adèle veille, il faut siffler... Ah! nom de nom!
Allons, de l'énergie! il la rassemble toute ;
Tout son corps se raidit dans un suprême effort
Et, d'une voix hélas! qui ne laisse aucun doute
Sur son coupable état, il appelle très fort :
« Adèle, ma petite Adèle, ma Dédèle,
C'est moi, moi, qui suis là pour le passe-partout,
Tu sais, moi ton petit n'Antoine qui t'appelle,
Je suis pas gris, tu vois, je suis pas gris du tout. »
La fenêtre, pendant ce discours, s'est ouverte.
— «Siffle—»Ah! oui.passe-moi la clef»—«Siffle»—»Ah! dame oui,
Je veux bien... fü, fü, fü... je peux pas... elle est verte

Celle-là... füi, füi, füi, peux pas.. c'est inouï !

Adèle, eh ! là, ma femme, allons, sois pas sévère

Adèle, mon trognon, mon cœur, mon artichaut,

Ma poule, füi, füi, füi, j'ai pourtant bu qu'un verre!,..

Il fait chaud et j'ai froid, il fait froid et j'ai chaud,

C'est bête, hein, dis?... Ma femme, allons, ouvre à ton homme?

    Ça me cause trop d'embarras!...

    Un verre ou rien. quoi! c'est tout comme.

    La clef?... » — « Non, quand tu siffleras!.. »

    La fenêtre s'est refermée,

    Et Bidaut, le pauvre Bidaut,

    Épuisé par ce rude assaut,

    Conclut, d'une voix alarmée :

« Dieu n'est pas juste »... et ne souffle plus mot.

Il boude et reste là, le dos contre sa porte.

Il couchera dehors, tant pis!... le ciel est noir

    Et dans son cœur toute espérance est morte.

    A ce moment, sur le trottoir,

    Passe un bourgeois. Bidaut tourne la tête...

Oh! quelle idée!.. eh! oui, pourquoi pas?... il l'arrête

Et, d'un ton très poli, sa casquette à la main :

« Monsieur, sifflez pour moi? » — « Siffler, et pourquoi faire?

    Vous avez perdu votre chien?... »

— « Non, c'est ma femme... elle fait la sévère :
Faut siffler pour avoir la clef... moi, je sais bien,
Mais je peux pas... tenez, voyez-vous la fenêtre?...
Vous pourriez, vous?... Ah! mais, vous sauriez pas, peut-être! »
        Le bourgeois, après avoir ri,

Réplique par un coup de sifflet bien nourri...
O bonheur! c'est un bruit de fenêtre qui s'ouvre...
« Cachez-vous, fait Bidaut... Adèle a le nez fin
Et se glissant devant le bonhomme, il le couvre.
La clef tombe... il l'attrape au vol.. c'est elle, enfin!
Déjà, sa main la fait tourner dans la serrure,
Quand, Bidaut, dégrisé presque à ce doux murmure
Rappelle son sauveur qui poursuit son chemin,
        Le remercie et, d'une voix plus sûre :
        « Mon bourgeois?.. à lundi prochain! »

FIN

LIBRAIRIE PAUL OLLENDORFF

|28 *bis*, rue de Richelieu, — PARIS.

MONOLOGUES

L'AIGUILLEUR, monologue en vers d'Alph. Scheler, dit par Worms, de la Comédie-Française . . . . I "

L'AMATEUR DE PEINTURE, monologue par Philippe Gille, dit par Coquelin cadet, de la Comédie-Française, (illustrations de Loir Luigi) . . . . I >

LES AMOUREUX, fantaisie en vers par Ch. Clairville, dite par C. Coquelin, de la Comédie-Française (illustrations de Cabriol). I »

APRÈS LE MARIAGE...: monologue par Paul Manivet, dit par mademoiselle Marsy, de la Comédie-Française, (avec une eau-forte par Paul Avril) . . . . I 5o

L'ASSURÉ, monologue en vers par Marcel Belloc, dit par Félix Galipaux, du théâtre du Palais-Royal . . . . I »

AU JARDIN DES PLANTES, poésie par Paul Lheureux, dite par Galipaux, du théâtre du Palais-Royal . . . . I »

AUX ANTIPODES, monologue provenço-comique par G. Feydeau, dit par madame Judic, du théâtre des Variétés . . . . I ,

LE BAIN, monologue par Charles Samson, dit par Félix Galipaux, du théâtre du Palais-Royal . . . . I "

LE BIJOU PERDU, monologue en prose par Louis Bridier et Édouard Philippe . . . . I »

LE BON DIEU, monologue comique, par E. Grenet-Dancourt, dit par Coquelin aîné, de la Comédie-Française. . . . . I »

LE BOUDINÉ, thèse en vers, par V. Revel, soutenue par Georges Noblet, du théâtre du Gymnase . . . . I »

LE BOUTON, monologue en vers, par Hixe, dit par A. Des Roseaux. . . . . I »

LES BRETELLES, monologue en vers, par V. Revel, dit par Coquelin cadet, de la Comédie-Française. . . . . I »

LES CÉLÈBRES, monologue comique, par Georges Feydeau, dit par Coquelin cadet, de la Comédie-Française . . . . I »

C'EST LA FAUTE AU SILLERY! monologue en vers (avec illustrations), par Desmoulin, dit par Berthelier. . . . . I 5o

LES CHAPEAUX, par J.-G. Vibert, conférence faite au théâtre des Variétés par Berthelier, édition illustrée de 2o dessins. in-4. I 5o

LA CHASSE, monologue comique par E. Grenet-Dancourt, dit par Coquelin aîné, de la Comédie-Française . . . . I »

LE CHEVAL, monologue par Pirouette, dit par Coquelin cadet, de la Comédie-Française (illustrations par Sapeck). . . . . . . I 5o

LE CHIRURGIEN DU ROI S'AMUSE, monologue par Arnold Mortier, dit par Coquelin cadet, de la Comédie-Française (illustrations de Sapeck). 1 »

LA CONFESSION, duo mimique par un seul personnage, de Paul du Crotoy et F. Galipaux, dit par F. Galipaux, du Palais-Royal 1 »

COQ-A-L'ANE, monologue en vers, par M. Belloc, dit par Coquelin aîné, de la Comédie-Française. 1

LE COSTUME DE PIERROT (histoire vraie), monologue dramatique en vers, par Alphonse Scheler, dit par madame Sarah Bernhardt . . . . 1 »

DE LA PRUDENCE! monologue en prose, par A. Guillon et A. Des R., dit par Armand Des Roseaux. . . . . 1 »

LE DÉPUTÉ, monologue par E. Morand, dit par Coquelin cadet, de la Comédie-Française . . . . 1 »

L'ÉLECTION, monologue en vers par Julien Berr de Turique, dit par Coquelin cadet, de la Comédie-Française . . . . 1 »

EN FAMILLE, monologue en prose (avec illustrations), par G. Moynet, dit par Coquelin cadet, de la Comédie-Française. 1 50

L'EMPLOYÉ, monologue en prose, par Edouard Noël, dit par Coquelin cadet, de la Comédie-Française. . . . . 1 »

L'EXAMEN DE CONSCIENCE, monologue en vers par A. Mélandri, dit par mademoiselle Reichenberg, de la Comédie-Française. 1 »

FLIRTATION, monologue, par Eugène Adenis, dit par Coquelin aîné, de la Comédie-Française. . . . . 1 »

LES FOUS, poésie comique par Ch. Samson, dit par Coquelin aîné, de la Comédie-Française . . . . 1 »

GOBART, monologue, de G. Moynet, dite par Coquelin cadet, de la Comédie-Française. . . . . 1 »

LA HALLE AUX BAISERS, par A. Mélandri, illustrations de Willette. 1 50

L'HOMME MAIGRE, monologue, par Robert de Lille, dit par un homme gras . . . . 1 »

L'HOMME PROPRE, monologue en prose, par Ch. Cros, dit par Coquelin cadet, de la Comédie-Française, illustrations de Cabriol. . . . . 1 »

L'HOMME QUI BAILLE, monologue comique, par E. Grenet-Dancourt, dit par Coquelin cadet, de la Comédie-Française. . . 1 »

IDYLLE PARISIENNE, monologue en vers, par Georges Gillet, dit par Deroy, du théâtre de la Gaîté. . . . . 1 »

JE NE VEUX PLUS AIMER, monologue, par Julien Berr de Turique, dit par Georges Guillemot, du Gymnase. . . . . 1 »

JE VOUS AIME! monologue en vers, par Alphonse de Launay, dit par Mlle Lincelle, du Vaudeville. . . . . 1 »

LE LAMENTO DU COQUILLAGE, insanité rimée par Mélandri, dite par Coquelin cadet, de la Comédie-Française (Illustrations de Moloch) . . . . 1 »

LA LETTRE ROSE, monologue, par Alphonse de Launay, dit par Mlle Marguerite Conti, du théâtre de la Renaissance. . . . 1 »

Imprimerie générale de Châtillon-sur-Seine. — A. Pichat.